T. R. P. BERNARDIN DE THÔNES

BIOGRAPHIE

DU

T. R. P. BERNARDIN DE THONES

ANCIEN DÉFINITEUR PROVINCIAL

DES FRÈRES MINEURS CAPUCINS DE SAVOIE

Par le P. Frédéric de Sixt

CAPUCIN

Lauda post vitam . . . .
(S. Maxim. ep.)

Ante mortem ne laudes ho-
minem quemquam. . . . .
(Eccli. XI. 30.)

DOUVAINE

Imprimerie des ORPHELINS

DÉDICACE

Au Très-Révérend Père AMBROISE d'Ugines,

Ministre Provincial
DES FF. MINEURS-CAPUCINS
DE LA PROVINCE DE SAVOIE.

TRÈS-RÉVÉREND PÈRE,

Je dédie à votre Paternité ces quelques lignes tracées à la mémoire du bien regretté Père Bernardin.

Vos nombreuses occupations ont mis obstacle au désir que vous aviez de reproduire les traits de cette belle existence. Vous seul, cependant, très-Révérend Père, connaissez les secrets intimes de cet éminent religieux.

Daignez avoir pour agréable ce récit biographique ; il a pour but de faire connaître les dons de Dieu répandus largement dans ce religieux si distingué, et de cicatriser, si c'est possible, la profonde blessure faite à votre cœur par cette séparation inopinée et douloureuse.

Veuillez, je vous prie, Très-Révérend Père, agréer l'hommage de ma filiale soumission.

FR. FRÉDÉRIC DE SIXT,
Des Frères-Mineurs-Capucins,
DÉFINITEUR PROVINCIAL.

APPROBATION

Chambéry, ce 26 Février 1882.

Très-révérend Père,

J'approuve l'impression de la Notice sur le T. R. P. Bernardin, persuadé que tout y est bien et propre à l'édification des religieux en particulier. Oh ! si cette mort pouvait inspirer beaucoup ou au moins quelques vocations de cette valeur ! Quel bien pour la province ! Talent, science, piété, vertus éminentes, et tout cela relevé et abrité par l'humilité, le besoin de la vie cachée, sous l'empire de cette maxime admirable :

« Ama nesciri et pro nihilo reputari. »

prions Dieu qu'il en soit ainsi.

Agréez, très-révérend Père, l'expression de mes sentiments dévoués.

fr. AMBROISE, cap.
Provincial.

Tous les saints personnages ont un droit incontestable à l'admiration et aux hommages du public, mais non à un degré égal.

Les uns cachent au fond d'un réduit obscur leurs perpétuels sacrifices, et n'ont pour témoin du mérite de leurs héroïques vertus que l'œil de leur Père qui est dans les cieux ; ils ne connaissent pas le monde et le monde ne les connaît pas ; leur influence sur l'humanité, bien que très-réelle et très-puissante, est toute spirituelle, par conséquent invisible et étrangère aux jugements des hommes.

Les autres providentiellement doués des précieuses qualités qui font les hommes supérieurs, sont appelés à paraître sur la scène du monde et à y jouer un rôle diversement influent et, par tant, diversement appréciable aux yeux de leurs contemporains. — Tel brille par le don de la parole et réunit autour de la chaire de Vérité d'innombrables auditeurs. Tel, directeur consommé, charme par la douce onction de son inépuisable charité une foule de pénitents attendris qui ne peuvent quit-

ter son confessionnal et reviennent toujours plus
affamés de ses salutaires conseils..... Tel enfin ,
mûri par l'âge et l'expérience, est placé à la tête
d'un noviciat, d'une communauté, d'un établissement quelconque, pour préparer et faciliter lesvoies
de la vertu à tous les âges et à toutes les condi-
tions de la vie humaine. A ceux-ci donc honneur et
louanges publics.

Dans ces différentes catégories d'ouvriers évan-
géliques brilla successivement le T. R. P. Bernardin de Thônes, ancien Définiteur provincial, que
l'Ordre des FF. MM. de Savoie a eu le malheur
de perdre naguères et que tous ceux qui l'ont connu regrettent avec non moins de douleur. C'est de
ce religieux éminent que nous avons la hardiesse,
trop présomptueuse peut-être, d'esquisser une courte
biographie.

Pour concevoir nous-même et transmettre au
lecteur un aperçu satisfaisant, sinon complet, des
travaux, des succès et du mérite de notre cher
Père Bernardin, il importe souverainement d'éta-
blir et de suivre un certain ordre chronologique,
par conséquent très-naturel, dans ce court exposé
de nos scrupuleuses recherches.

Nous allons donc considérer notre éminent confrère : I. comme novice, étudiant, prêtre ; II. comme directeur spirituel ; III. comme prédicateur ;
IV. comme écrivain ; V. comme supérieur ; VI. enfin, nous parlerons de ses vertus et de sa mort.
De là, la division suivante en six points de vue
différents.

I

Le Père Bernardin
Novice, étudiant, prêtre.

Pierre-François Charvet naquit à Thônes, petite ville du département de la Haute Savoie, le 10 Avril 1818, d'une honnête famille peu favorisée des biens de la fortune, mais riche des dons de la grâce. Pierre-François suça avec le lait maternel les fécondes maximes de la divine sagesse.

Après avoir été initié aux connaissances élémentaires, l'enfant suivit les cours du petit collège de sa ville natale jusqu'à la rhétorique.

Au début de l'adolescence, Pierre-François parut céder quelque peu aux attraits du monde, sans toutefois devenir son esclave, ni dévier gravement de la route du devoir. Une heureuse circonstance, ménagée par la miséricorde du Seigneur, vint l'arrêter sur la pente fatale des illusions du jeune âge. Une mission, donnée par les RR. PP. Capucins, eut lieu à Thônes, en Décembre 1834, et y produisit de merveilleux fruits de salut. La population tout entière répondit à l'appel de Dieu avec un élan admirable de foi et de docilité religieuse. Ce fut un coup décisif de la grâce pour le jeune Pierre François qui en suivit tous les exercices avec la plus grande assiduité. Docile à la voix qui lui parlait tour-à-tour en chaire et au saint tribunal de la pénitence, puis fortifié par le pain de vie au banquet sacré où il fut admis nombre de fois, pendant les

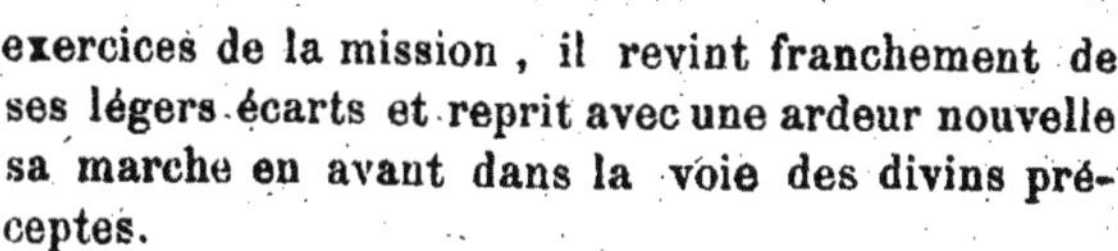

exercices de la mission , il revint franchement de
ses légers écarts et reprit avec une ardeur nouvelle
sa marche en avant dans la voie des divins pré-
ceptes.

La mission terminée, le jeune converti se prit à
réfléchir plus sérieusement encore que pendant les
jours bénis de grâce et de salut qui venaient de
s'écouler et qu'il eût bien voulu prolonger indéfini-
ment. Il s'informa avec empressement de ce qu'il
avait à faire pour manifester à Dieu sa profonde
reconnaissance des bienfaits reçus et mériter l'assistance céleste, afin d'échapper aux assauts plus
violents et toujours plus dangereux de la séduction
du monde, dont il avait déjà ressenti les premières
atteintes. Dieu fit la réponse, et elle fut entendue
par cette âme droite et docile qui devait être à son
Créateur, sans retour et sans partage, sans mélange,
ni mesure d'aucune sorte.

En vain la nature essaya-t-elle d'opposer des
prétextes et des résistances : Pierre-François, éclairé
et fortifié par la grâce, triompha, et s'arrachant
aux tendresses de sa famille, courut frapper à la
porte du couvent des PP. Capucins de La Roche,
pour y commencer son noviciat.

Accueilli avec bienveillance, il soutint les rudes
épreuves du postulat avec autant de docilité que
de ferveur ; il prit l'habit religieux, le 20 Mai 1835,
avec le nom de Bernardin, l'une des gloires de
l'Ordre.

Le noviciat, si dur qu'il soit en réalité à la pauvre nature, loin d'affaiblir le désir désormais irré-

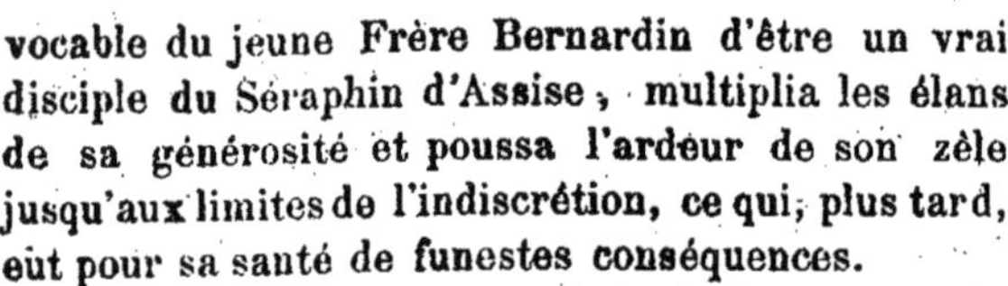

vocable du jeune Frère Bernardin d'être un vrai
disciple du Séraphin d'Assise, multiplia les élans
de sa générosité et poussa l'ardeur de son zèle
jusqu'aux limites de l'indiscrétion, ce qui, plus tard,
eut pour sa santé de funestes conséquences.

L'année du noviciat terminée de la manière la
plus satisfaisante, notre frère Bernardin fut admis
à l'unanimité des suffrages à la profession, et le 20
Mai 1836, il eut le bonheur de prononcer ses vœux
solennels.

Devenu profès, notre jeune religieux fut transféré
du couvent de La Roche à celui de Chambéry, pour
y suivre les divers cours de Philosophie et de Théologie, où ses progrès scientifiques s'élevèrent à la
hauteur de sa piété et de son zèle, grâce à une intelligence perspicace, à une raison saine et à un
jugement d'une droiture inaltérable.

Soutenu par tous ces dons précieux de la nature
et de la grâce, le jeune profès réalisa en peu de
temps les belles espérances de ses professeurs, et
fonda ainsi le riche trésor des connaissances nécessaires, utiles et agréables, qui le placèrent, plus
tard, au nombre des hommes supérieurs dont nous
parlions au commencement de cet écrit.

Qu'il nous soit permis de citer, à l'appui de nos
appréciations, celle du T. R. Père Ambroise, Mi-
nistre Provincial, son ami, et qui fut souvent son
supérieur.

 L'application à l'étude, loin d'affaiblir les saintes
« dispositions qu'il avait puisées abondamment
« dans les exercices du noviciat, ni d'altérer l'esprit
« de sa sublime vocation et sa fidélité à la pratique

« des vertus qui en sont le propre, ne fit que les ac-
« croître et les fortifier. Il demeura semblable à
« lui-même, pendant ses cours d'étude, dans sa mar-
« che progressive, à mesure que les horizons de la
« science s'élargissaient devant lui. » (1)

« Il saisissait sans effort les questions les plus
« ardues et les envisageait toujours par leur côté
« vrai.

« Ses Pères Lecteurs (Professeurs,) comme ses
« supérieurs, n'ont jamais eu qu'à bénir Dieu de son
« assiduité à l'étude et de sa fidélité à tous ses de-
« voirs, et purent toujours être heureux de ses ra-
« pides et solides progrès. Les divers examens qu'il
« eut à subir, soit en Philosophie, soit en Théologie,
« lui furent toujours parfaitement honorables, et,
« pour tout dire en un mot, il fut un étudiant mo-
« dèle par sa solide piété et son application à l'étu-
« de. » (2)

Le sacrement de l'Ordre que notre cher profès
reçut, le 4 Mai 1843, vint couronner toutes ces
œuvres préparatoires et répandre dans cette âme
vraiment dévouée la lumière céleste qui éclaire et
le feu sacré qui vivifie.

Le T. R. P. Ambroise nous fait connaître les
dispositions du Père Bernardin, au moment de son
élévation au sacerdoce :

« Il était pénétré d'une salutaire terreur à la
« pensée du sublime et divin caractère dont son hu-
« milité le jugeait indigne, et, à la fois, plein d'une
« religieuse soumission à la volonté divine qui lui

(1) Note du T. R. P. Ambroise.
(2) Note du T. R. P. Ambroise.

« était manifestée par l'obéissance.»

«Il s'étudia plus que jamais à ne vivre que de
« *Dieu et pour Dieu en N.-S.* et à s'identifier à l'a-
« dorable victime, qu'il avait l'honneur d'être appelé
« à offrir à la souveraine Majesté. Ce ne fut pas
« chez le P. Bernardiu l'effet de l'enthousiasme ou
« d'une faveur momentanée.... mais le fruit de la
« grâce dans une âme doucement et généreusement
« droite. » (1)

La maturité précoce de notre jeune prêtre le fit
juger capable d'opérer au tribunal de la pénitence
de dignes fruits de salut dans les âmes. Ce fut donc
par l'exercice de ce saint ministère que le R. P.
Bernardin commença sa féconde carrière sacerdotale.

(1) Note du T. R. P. Ambroise.

II.

Le P. Bernardin
Directeur spirituel.

« *Ars artium regimen animarum.* » (1) Le voilà le grand art qui domine tous les autres par son importance, dont les innombrables difficultés surgissent à chaque pas, mais dont les fruits salutaires sont certains et inappréciacles. A toute âme chrétienne qui désire assurer sa marche dans les voies difficiles de la vertu, il faut un directeur spirituel, mais un directeur éclairé, mais un directeur brûlant d'amour divin et de charité fraternelle. *Sur mille choisissez en un qui vous garantisse ces deux qualités souveraines*, et nous affirmons sans nulle crainte que vous avez mis la main sur un trésor ; gardez-le soigneusement et répétez dans votre intérieur ses moindres avis, si tant est qu'il y en ait de moindres, aussi souvent que l'avare compte les pièces d'or d'un autre trésor infiniment moins précieux.

Le P. Bernardin était, au jugement de tous les hommes sérieux et pratiques, l'un des meilleurs directeurs spirituels de notre époque. Il savait que le tribunal de la pénitence est l'école du sacrifice, du devoir et de toutes les vertus. C'est là surtout qu'il appliquait cette belle maxime ou plutôt cette

(1) St Grég. *Reg. past. offic. c.1.*

sage sentence de Saint Augustin: « *Multùm facit qui rem benè agit.* » *(1)*.

Laissons ce prudent et saint directeur se peindre lui-même ; au moment où, à Chambéry, le confessionnal du P. Bernardin était devenu le rendez-vous du pauvre et du riche, de l'aristocrate et de l'ouvrier, de la grande dame et de la femme du peuple, on demandait au P. Bernardin « Mais comment faites-vous ; lors même que votre tribunal est assiégé, vous ne vous hâtez pas davantage » ? — «Dieu, répondit-il, ne me demandera pas : « *Combien de pénitents as-tu confessés ?* » mais, « *Comment les as-tu confessés ?* » ...

Un jour, la jalousie, qui s'insinue partout, avait tenté d'amoindrir l'influence de ce saint religieux par des remarques perfides à l'endroit de sa patience et de son zèle au confessionnal. Un haut dignitaire de l'Église fut donc malicieusement prévenu. Ce dignitaire, qui n'était autre que son Em. le Cardinal-Archevêque de Chambéry, (2) fit au R.P. Bernardin, dans une circonstance donnée, l'observation suivante : « En général, mon Père, on dit «qu'au tribunal de la Pénitence vous êtes trop «long.» — « Monseigneur,» répondit le Père avec une sainte liberté, «vous êtes libre de m'enlever «les pouvoirs, mais me fixer le temps que je dois «consacrer aux âmes qui s'adressent à moi au saint «tribunal, ceci est du domaine de Dieu et de ma «conscience.» L'éminent cardinal fut ravi de cette réponse et lui dit : «Allez, mon Père, votre méthode

(1) Celui-là fait beaucoup qui fait bien une chose.　(2) Mgr Billet.

« est la meilleure; vous avez tous mes pouvoirs et
« toute ma confiance. »

« Confesser, disait le saint religieux, c'est appli-
« quer le sang du divin Sauveur : sachons faire de ce
« sang précieux un salutaire usage. »

Certes, nous ne voulons pas dire que le R. P.
Bernardin donnât son temps à toutes les âmes in-
distinctement ; mais il le donnait sans regret à cel-
les qui voulaient sincèrement profiter de son ministère, pour aller plus sûrement à Dieu. Il était l'ennemi de la direction sentimentale et partant stérile
pour cette sorte de pénitents qui recherchent les
émotions doucereuses. A ces âmes-là il savait
dire : « *Allons, ne perdons pas de temps.* »

Des prêtres distingués, des religieux et des religieuses, toutes les classes de la société en un mot,
recherchaient cette direction sûre, forte et douce
à la fois.

Lorsqu'il avait à conduire une de ces âmes tra-
vaillées par les élans immodérés et les soubresauts
d'un zèle intempestif, il lui disait avec un petit air
d'ironie qui ne déplaisait pas : « Allons, ne faites
« pas courir le saint Esprit » ou bien : « Avec un sou
« on ne peut faire une pièce de 20 francs. » — « Je
« croyais avoir une pièce de drap pour un habille-
« ment complet, j'ai à peine pour me tailler un
« gilet. »

Ces comparaisons paraissaient fort communes,
mais renfermaient un sens ascétique très-profond
et surtout étaient bien comprises, ce qui est essen-
tiel.

Il savait aussi stimuler et aiguillonner les âmes
tièdes et lâches :« *ego dormivi et soporatus sum,*
« (1) réveillez-vous donc ; . . . si vous jetez cha-
« que jour de la boue sur les vitres de vos appar-
« tements, bientôt la lumière ne pénétrera plus,
« vous ne distinguerez plus les meubles, les tab-
« leaux, les précieux souvenirs de famille ; si cha-
« que jour vous jetez la boue de l'imperfection
« dans votre âme, le soleil de Dieu n'y pénétrera
« plus et vous ne connaîtrez plus les opérations du
« Saint-Esprit. — Allons, soyons fidèles à la grâce;
« le premier directeur, c'est le Saint-Esprit; ne
« faites jamais défaut à la grâce, et la grâce ne
« vous fera jamais défaut. »

On aimait tellement cette direction, on s'y atta-
chait si étroitement que, malgré une certaine ap-
parence de rudesse, on pleurait, quand on était
contraint de l'abandonner. C'est ce qui faisait dire
à un officier supérieur piémontais en quittant Chambéry : « Si, au moins, je pouvais emmener avec moi
« mon cher Père Bernardin ! ... *Je serais heureux* !»

Outre le tribunal de la Pénitence, le P. Bernardin répandait le bien dans les âmes par deux autres moyens que lui avait inspirés son zèle :

A. La visite aux malades.
B. La direction par lettres.

(1) Psaume 111, verset 6.

A.

Il prenait sur ses moments de recréation pour visiter les malades. Avec l'amour de ces pauvres affligés, il possédait le don spécial de les consoler, leur suggérant, à propos, une pensée saillante sur les souffrances de N.-S. Jésus-Christ, de la Ste Vierge ou des Saints.

« Lorsque le P. Bernardin vient me voir, » disait un homme du monde, éprouvé par une longue et cruelle maladie, « il me semble que mes intoléra-
« bles douleurs disparaissent pour 24 heures. (1) »

Tout en étant réservé, cet excellent Père savait, au besoin, dire quelques paroles si aimables et si spirituelles qu'il arrachait des sourires même à des moribonds; ce qui faisait que les malades recevaient toujours avec satisfaction les visites du P. Bernardin.

B.

Il usa du second moyen avec beaucoup de prudence. Il aimait peu écrire des lettres de direction. Un bien réel et véritable devait être le résultat certain de sa correspondance ; même alors, il s'y assujétissait avec répugnance. Il fallait, disait un de ses amis, lui écrire six lettres pour en obtenir une. Les âmes appelées à une haute perfection étaient les privilégiées de cette faveur.

Un homme du monde a bien voulu nous communiquer des lettres de direction qu'il a reçues du

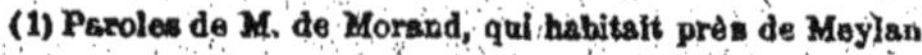

(1) Paroles de M. de Morand, qui habitait près de Meylan.

P. Bernardin. Nous ferons passer quelques extraits de ces lettres sous les yeux de nos lecteurs, les laissant juges d'apprécier la sagesse, la prudence, la charmante originalité, et la haute intelligence du P. Bernardin dans ce genre. Il savait à merveille prendre une âme avec ses défauts, ses travers, et ses imperfections pour la transformer et la conduire graduellement à la perfection et à Dieu.

Suivons-le, année par année, dans cette nouvelle voie si difficile :

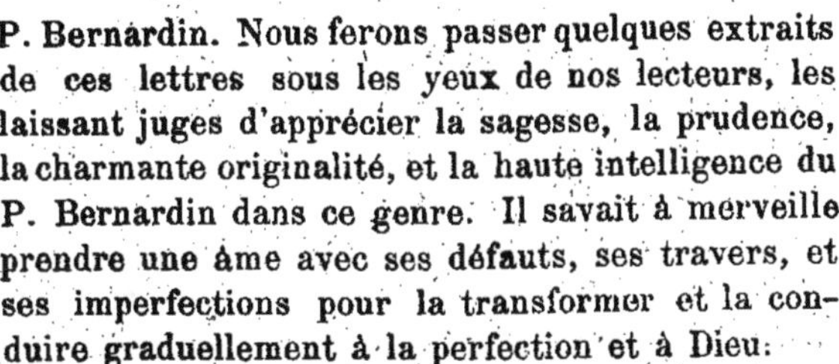

Chambéry, ... 1857

Mon cher ami,

. . . .

regardez-vous comme en exil, mais toujours cependant dans la main et le cœur de Dieu par Jésus et Marie. . . . . .

Défiez-vous du découragement, c'est le filet du démon. Le découragement ne porte remède à rien ; c'est un mensonge , puisqu'il ne vient jamais de Dieu. Prenez patience avec Dieu *qui vous éprouve,* avec le prochain *qui vous contrarie* et avec votre *esprit et votre cœur qui vous tourmentent.* Dieu le veut. Aimez l'humilité et l'abjection comme tous les saints, continuez à aller toujours du même pas. Ce trouble passager vous inspirera de la défiance pour vous. C'est une sentinelle qui vous avertit de la présence de l'ennemi. . . . .

. . . .

.........., *1858*

Dieu vous donne sa paix !

Cher ami,

Je n'ai pas de peine à comprendre les tortures
de votre esprit et les angoisses de votre cœur. Re-
merciez Dieu d'avoir à souffrir pour sa gloire et
pour le bien de votre âme. Quelles que soient les
épreuves du moment, ne sont-elles pas préférables
à l'amertume que vous causerait un péché mortel,
si vous l'aviez commis ? Certainement. Peut-on
acheter trop cher la douce espérance et la certitude morale d'être en grâce avec Dieu. Or, mon ami,
vous devez avoir cette confiance et agir en consé-
quence. Vous irez en Paradis bien sûr, si vous
continuez à combattre et à prendre patience, comme
vous le faites depuis que je vous connais. Ayez bonne idée du bon Dieu, car c'est Lui qui vous a tiré
par la main, pour vous placer sur le bon chemin.
Mais toujours il faut avec Dieu l'abnégation de
nous-mêmes, la défiance de nos propres forces, et
une grande réserve dans nos lumières privées. L'o-
béissance seule peut nous faire éviter tous les piè-
ges de l'ennemi. Courage donc, continuez à combattre énergiquement ; ayez une confiance sans
bornes à Marie, votre protectrice et votre mère.
Pensez qu'il n'y a que Dieu et vous sur la terre, ne
vous inquiétez pas des jugements des hommes.

Ne soyez pas surpris de retrouver dans votre
cœur des restes de racines des plantes que vous
avez tâché d'arracher. Avec un peu de persévérance

et d'efforts, elles se décomposeront et ne produiront point de jets. Ne demandez ni à vivre ni à mourir. Désirez la volonté de Dieu. Ne demandez pas le repos, demandez la force dans le combat. *On ne perd point de temps, pendant que l'on se renonce et que l'on souffre.*

. . . . *1859*

Dieu vous donne sa paix !

Cher Ami,

. . . .

Ne vous inquiétez pas de votre âme pour l'avenir et moins encore pour le passé. Donnez-la sans cesse à Celui qui l'a créée et qui y retrouve son image, quoique nos fautes la défigurent. Par la patience, vous lui rendrez sa beauté, vous l'embellirez ; car, de vrai, nous n'avons pour nous que nos actes de patience. Si Dieu vous manifestait ses plans sur vous, vous perdriez le mérite de la Foi, de l'Espérance, et de la Charité. Les saints demandaient tous à Dieu d'être conduits par des voies inconnues, afin de ne pas perdre le mérite de la patience. . . .

N'avez vous pas vous-même été un élève indocile du Maître divin que Dieu vous a donné, et, aujourd'hui, peut-il se faire en tout honneur de votre ferveur et de votre générosité ? . . . . .

J. M. J. F. *1860*

Cher Ami,

Ne pensez pas qu'il *vous faut* absolument un

couvent pour vous sanctifier, parceque cela ne servi-
rait qu'à vous dégoûter de votre perfection présente
et vous susciter un découragement profond. . . .

Allons lentement. *Il ne faut pas enjamber* sur
la Providence. Vous pourriez tomber et vous cou-
vrir de poussière et de terre. Vous faites le bien,
vous pouvez le faire, continuez tout petitement.

  J. M. J. F.   . . . ., *Noël 1861*

   Mon cher ami,

Je vous désire bien humble, bien petit, afin que
rien ne vous sépare du cher enfant de Bethléem. Il a, jusqu'à ce jour, béuit vos efforts et vos
œuvres. . . . . . . N'est-ce pas plus qu'il n'en
faut pour vous encourager, pour vous réjouir dans
votre néant? Allez toujours sans regarder en arriè-
re, de crainte que l'amour propre ne vous *change
en statue de sel.*

Vous vous figurez trop souvent que vous êtes
seul pour lutter et combattre; où serait la Foi si
Dieu vous dévoilait toute sa conduite? Etre isolé du
monde, séparé de ses amis, ce n'est pas être seul,
quand on peut compter sur un secours certain, et
que le cœur rencontre un autre cœur sympathique
chaque fois qu'il le désire.

Vous avez le Cœur adorable de Jésus, j'y ren-
ferme moi-même le mien pour être plus près de
vous. . . . .

  J. M. J. F.   . . . . ., . .*1862*

   Cher ami,

Votre dernière lettre me montre que vous êtes

toujours sur la croix, tant mieux ! Si, à un moment donné de votre vie, il vous eût fallu paraître devant Dieu subitement, sans secours, n'ayant pour vous défendre que vos œuvres, interrogeant déjà le Juge souverain vous fixant votre éternité, vous eussiez, à ce moment, promis bien des choses! Vous eussiez accepté bien des maux, des croix, pour obtenir un délai. Voilà ce qu'il ne faudrait pas perdre de vue. La reconnaissance, l'amour ne valent-ils pas la crainte, la frayeur? Courage donc, ne vous laissez pas abattre . . .

On est déjà bien parfait, quand on sait se supporter soi-même et que l'on fait peu et toujours.

J. M. J. F.

. . . . . *28 Oct. 1863*

Continuez à vous oublier vous-même, comme il est dit des innocents ; vous confesserez Jésus-Christ non en parlant, mais en mourant pour Lui dans le secret de votre âme. Je me réjouis avec vous de vos épreuves, parce qu'elles vous seront profitables, vous renvoyant à Dieu malgré vous peut-être. . . .

Vous me parlez quelques fois, de manière à me faire comprendre que vous vivez habituellement en face d'un mot bien important. C'est le mot « *réparation* ». C'est bien la vraie vie pour chacun de nous, puisque telle a été la vie de notre divin Maître.

. . . 1864

Rappelez-vous bien que l'humilité vaut plus que l'innocence ; que l'humilité est un avocat infaillible et tout puissant auprès du trône de Dieu. . . .

. . . . 1865

. . . Vous me parlez de vocation religieuse. . . .

Lorsqu'on n'a pas une certitude d'être appelé de Dieu à quitter le toit paternel, on se doit, avant tout, à ses parents. . . . .

Maintenant, êtes-vous réellement libre ? je n'ose le dire ; il faut prier et attendre. Ne prenez aucune résolution précipitée. . . . .

Vous commencez à voir qur la vie est une espèce de rêve ; que sans la Foi, tout est déception. Il faut suivre la voie étroite, celle qui conduit au Calvaire. Résignation et soumission : voilà ce que Dieu demande de vous, en ce moment et c'est le vœu que je forme pour vous. . . . .

. . . . 1866

Vous aurez beau, cher ami, vous tourner et vous retourner sur vos croix, vous les trouverez toujours dures et épineuses. C'est une grâce, car nous tendons toujours à anticiper sur ce repos qui ne nous est promis que pour l'éternité. Avant de moissonner, il faut semer, et pour recueillir dans la joie, il faut semer dans les larmes. Votre gage de salut est tout dans vos épreuves supportées en esprit d'expiation et par là dans le rachat du temps. Soyez fidèle à vos résolutions et laissez-vous conduire. *Rien n'est parfait en spiritualité comme l'abnégation totale de la volonté et du jugement.* Pourquoi aussi vouloir toujours avoir raison avec soi-même? Qu'est-ce que cela signifie ? Qu'est-ce que cela prouve ? Rien. On n'est pas bon, parce que l'on se croit bon.

Allons, *tout à la grâce* et *rien à la nature*. Laissez-vous tuer par le Bon-Dieu.

. 1867

Ne vous attendez pas, cher ami, à avoir une vie tranquille. Appliquez-vous à économiser votre temps et vous éprouver, pour payer vos dettes. La patience, l'esprit de Foi, la charité vous aideront. Profitez de la messe pour cela, ce sera un trésor.

. 1869

Si vous aviez, mon cher ami, un petit jardin en propriété, ne seriez-vous pas maître d'y semer ou d'y planter ce qui vous plairait et ce que vous croiriez être le plus utile ? J'ajoute : ce qui serait plus avantageux pour la récolte ? Or, nos âmes ne sont elles pas la propriété de N-S. Jésus-Christ ? Laissez-lui donc planter et semer en vous ce qu'il croira être plus avantageux pour vous et plus glorieux pour Lui; l'un ne se sépare pas de l'autre. Vous vous êtes donné tout entier au Bon-Dieu; donc, point de réserve. Que vous importe, si c'est son bon plaisir qu'il vous change en cuivre ou en or ? de vous avoir comme une laitue ou comme un œillet ? Oubliez-vous vous-même et servez le Bon-Maître plutôt passivement qu'activement.

. . . . . *Janvier* 1873

Pauvre enfant, dans quel temps vivons-nous ? Quelle année vient de s'écouler ? Pour vous, en particulier, la main de Dieu a été bien pesante. Ne l'en aimez pas moins pour autant. Il vous a ménagé, lorsque vous étiez loin de lui ; il vous frappe, maintenant qu'il vous possède. S'il plait à notre divin Sauveur d'enfermer votre cœur dans sa couronne d'épines, auriez-vous le courage de vous y opposer ? Non, sans doute. Eh bien ! voilà ce qu'il a fait, et gardez-vous bien de chercher une autre place. Voici votre devise de l'année :

La croix est mon partage,
Et Jésus mon seul héritage.

. . . . . *Janvier* 1875

Voici donc, cher ami, une nouvelle année; comme les précédentes, c'est au pied de la croix qu'il faut la commencer, si nous voulons qu'elle soit de bon augure ; et c'est au pied de la croix qu'il faut la poursuivre, si nous voulons qu'elle soit pleine et riche en excellents fruits de vie.

Depuis si longtemps que vous êtes *novice du Calvaire*, il serait bientôt temps de vous décider à faire profession, et à ne plus chercher autre chose que Jésus et Jésus crucifié, comme le dit St Paul. Et Dieu me garde, disait-il encore, de me glorifier en autre chose, que dans la croix de J.-C. ; c'est temps d'y penser.

Il est à remarquer dans les lettres suivantes que le R. P. Bernardin pratiquait lui-même ce qu'il enseignait aux autres.

. . . . . *Mai* 1878

Dans quelques jours, nous aurons nos élections, je ne sais ce qu'on fera de moi et où je ferai ma fête, l'an prochain. S'il plaît à Dieu de m'accorder encore une année, il faudrait être assez prêt pour pouvoir désirer que ce soit la dernière sur terre. Pour vous, cher ami, faites de votre maison un lieu sanctifié par vos vertus, un Bethléem, un Nazareth, un jardin d'agonie, un Calvaire, un tombeau ; et qu'on vous y enterre, et qu'on n'entende plus parler de ce pauvre pécheur.

Seulement rappelez-vous que les morts, non seulement on les enterre, mais on les foule aux pieds et ils se réduisent en poussière, et jamais un mot de plainte. Or, St Paul dit aux chrétiens: « vous êtes morts et votre vie est cachée avec J.-C. en Dieu.»

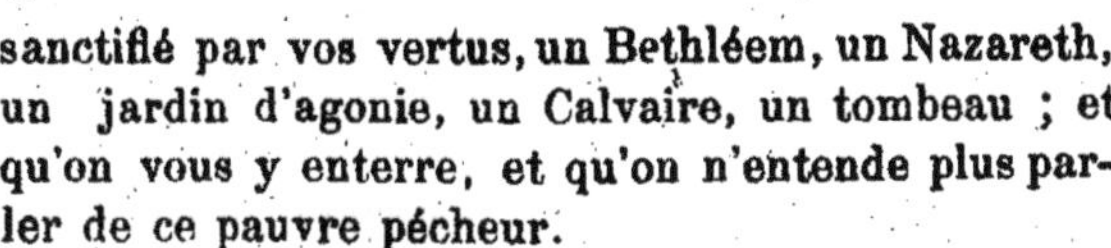

Mai 1880

Cher ami,

Qui sait, maintenant, de quel point de la terre il nous sera donné de correspondre. Cinq semaines nous restent à attendre la manifestation de la volonté divine ; les hommes ne sont que les instruments aveugles de la réalisation de ses desseins ; voilà pourquoi nous sommes en paix au milieu de la tempête. Epreuve et châtiment tout à la fois, on s'efforcera d'en profiter. Quoiqu'il en soit à notre courte vue, Dieu sera toujours la bonté même et nous, mon cher ami, nous nous retrouverons infailliblement dans le Sacré Cœur de Jésus, si nous lui sommes fidèles. Celui qui persévérera jusqu'à la fin, nous dit-il, sera sauvé. Persévérer ne signifie pas se reposer, mais bien travailler, lutter, se relever promptement, si l'on tombe, et reprendre sa marche.

(*Le Père Bernardin ici s'adresse au compagnon de son ami.*) Vous, vous êtes un vieux soldat, vous savez ce qu'il en est de cette espèce de guerre ; votre compagnon n'est qu'un jeune conscrit qui se donne peur des premières escarmouches ; dites-lui

de ne pas baisser les armes, mais d'aller toujours
en avant ; il est sous les ordres d'un général invin-
cible.

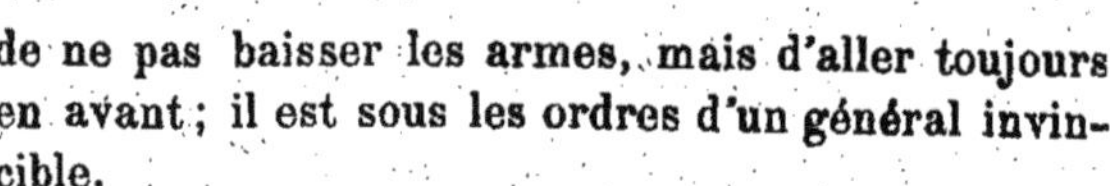

. . . . . *Janvier* 1881

Dans le temps où nous vivons, mon cher ami,
il est certain que la vie est lourde et une
mort sainte est à envier. Ainsi saint Augustin de-
manda instamment à N.S.J.C. de le retirer de ce
monde, afin de n'être pas témoin de l'arrivée des
Vàndales dans sa ville épiscopale, et il fut exaucé.
Comme alors, nous sommes menacés d'une irrup-
tion de Vandales sortie de l'enfer ; aussi ma formu-
le de souhaits au nouvel an sera bien simple ; elle
consiste à désirer pour vous et à demander à Dieu
la grâce d'une humble et parfaite conformité à sa
sainte volonté, qui tire le bien du mal, et un amou-
reux abandon à son bon plaisir, car il fait ou per-
met tout pour le bien de ses élus.

Nous ne sommes pas les plus à plaindre, puisque
soit vous soit nous, nous portons le deuil de l'Église
notre Mère en nous associant à ses tristesses.

Plaignons plutôt les auteurs et les malheureux
acteurs des œuvres sataniques de nos jours ; plaignons ces aveugles indifférents qui ne comprennent
pas les funestes conséquences des châtiments spirituels et qui n'ouvriront les yeux que lorsque la
foudre éclatera sur leur tête. Vous le savez, cher
ami, Notre Seigneur l'a dit : « le serviteur ne doit
pas être mieux traité que le maître. Le monde m'a
haï le premier, il en sera de même de vous. » Il dit
en plus : Vous serez bienheureux, lorsque les hommes

vous persécuteront, vous expulseront, vous calomnieront à cause de moi, en haine de mon nom. Réjouissez - vous donc d'être trouvés dignes de faire cause commune avec Lui ; vous aurez votre part dans son royaume, puisque vous partagez les persécutions de ses ennemis. Que de chrétiens disent ne rien comprendre à l'aveuglement et à l'endurcissement des Juifs, s'en étonnent et les condamnent, sans prendre garde qu'ils se condamnent eux mêmes avec plus de justice! Ne soyons pas de ce nombre ; et, si on parvient à chasser Jésus de la société, qu'il trouve toujours un refuge et un bon accueil dans nos cœurs.

Défiez-vous du découragement et de la tristesse; armez-vous de confiance et de patience ; celui qui persévérera jusqu'à la fin, celui-là sera sauvé. . . . .

. . . . . *Juin* 1881

N'oublions pas, autant les uns que les autres , que la porte du Ciel, malgré le progrès du siècle, n'a pas changé de forme ; elle est toujours en forme de croix, et pour y passer, il faut être taillé et façonné en forme de croix, et pour y arriver, il est nécessaire de marcher par un chemin d'épines.

On dit communément : *Qui travaille prie*, et c'est vrai ; mais il est encore plus vrai de dire : qui souffre prie et mérite. Lorsque Jésus agonisait sur la croix, les Juifs disaient : s'il est fils de Dieu, pourquoi son Père ne le délivre-t-il pas ? et s'il est Dieu, pourquoi ne descend-il pas de la croix, et alors, nous croirrons en lui? Mais laissons faire et laissons dire : ne nous laissons pas aller à la tentation: Dieu est patient, parce qu'il

est éternel . . . .

Nous sommes obligés de retrancher bien des lettres d'un caractère plus intime et de taire des détails qui auraient pu faire apprécier encore davantage et avec une exacte mesure la supériorité incontestable de notre excellent Directeur.

Il ressort, d'après ses lettres, que la longue pratique du St tribunal de la pénitence avait rendu le P. Bernardin maître expert dans la science du cœur humain ; il en avait fouillé tous les replis, sondé toutes les plaies et il y avait appliqué aussi tous les remèdes.

Il connaissait donc tous les moyens efficaces pour pénétrer dans ce pauvre cœur humain, pour le remuer, pour l'éclairer, pour le persuader, pour le convertir enfin, puisque là est le but.

De l'art souverain du directeur spirituel à l'art en tout égal de l'orateur chrétien, il n'y a qu'un pas ou plutôt qu'un changement de position. Il est vrai que l'un s'exerce en particulier et l'autre en public ; mais tous les deux reposent sur les mêmes principes et visent aux mêmes résultats. Vous êtes éloquent, persuasif, entraînant au confessionnal ; montez hardiment dans la chaire de vérité ; les mêmes succès vous y attendent.

III

Le P. Bernardin

Prédicateur.

Le P. Bernardin était doué de toutes les qualités intérieures qui font l'homme disert : *pectus est quod disertos facit* : le cœur, c'est à dire la charité chrétienne poussée jusqu'à ses dernières limites, voilà le foyer ardent et inextinguible où s'inspirait le talent de notre prédicateur ; voilà le principe fécond et vivifiant qui garantissait les succès de sa parole.

Celui qui trace ces lignes a eu le bonheur d'assister à deux retraites prêchées par le T.R.P. Bernardin, et il peut dire, en toute vérité, qu'il y avait dans ses discours tant d'attraits, de nouveautés, d'originalité, de citations heureuses d'Écriture sainte, d'exemples des Saints, de nombreuses et riches comparaisons, qu'avec une seule de ses conférences on aurait pu prêcher une retraite entière.

On était saisi et comme écrasé par l'abondance des idées, par l'enchaînement et le plan de la retraite, par la manière piquante, presque paradoxale, mais toujours vraie, qui rehaussait et agrémentait, à la fois, l'importance de ses sujets. Ce qui faisait dire à un savant évêque (1) : « Le P. « Bernardin est une bibliothèque vivante, il sait

(1) Mgr Ginouillhac, évêque de Grenoble, mort arch. de Lyon.

« tout ; il a tout lu ; et avec cela, il ne prêche pas
« les autres, *il crée.* »

Ses nombreuses retraites, prêchées en différentes localités et à des auditoires bien divers, ont
partout laissé des souvenirs ineffaçables.

Nous sommes heureux d'étayer nos dires sur des
appréciations d'une valeur indéniable. Ecoutons le
T. R. P. Ambroise :

« Sa parole était lente, accentuée, vive, brûlante
« et surtout convaincue, souvent pleine de finesse
« et de saillies incisives et d'une originalité char-
« mante autant qu'expressive, qui révélaient, à la
« fois, l'élévation et la pénétration de son intelli-
« gence, une connaissance peu ordinaire des se-
« crets du cœur, des faiblesses des âmes et des
« travers de l'esprit humain, des illusions et des
« ruses de l'amour propre. Il en remarquait avec
« une rare habileté et, d'un mot, souvent il en con-
« fondait les calculs. Son style était simple et
« correct, sans emphase, ni ornements d'aucune
« sorte ; toujours grave et soutenu, clair et limpi-
« de, exact, concis, ferme et logique. Il présentait la
« doctrine avec une netteté parfaite et rendait la
« vérité en quelque sorte palpable. » (1)

« Après avoir entendu le P. Bernardin, on au-
« rait voulu l'entendre encore. On sentait que sa
« parole tout angélique, tout imprégnée de Jésus
« crucifié avait une force et une efficacité singulière
« par la vive lumière qu'elle produisait dans l'es-
« prit et la bonne volonté dont elle animait le

(1) Note du T. R. P. Ambroise.

cœur. » (1)

« Nous ne pourrons jamais oublier les exhorta-
« tions si belles et si touchantes du R. P. Bernar-
« din ; sa conférence sur le Tiers-Ordre, comme sé-
« paration du monde, est restée gravée dans tous
« les cœurs. » (2)

« La conférence sur le Saint-Esprit qui est un
« *amour purifiant*, un *amour agissant*, et un
« *amour unissant*, restera comme un modèle de la
« plus haute spiritualité et de l'ascétisme le plus
« pur. (3)

« On aime à se corriger, à faire de grands ef-
« forts sur soi-même pour aller à Dieu, lorsqu'on
« a suivi une retraite donnée par le P. Bernardin.
« Il est tellement beau dans ses entretiens qu'il
« vous enlève à Dieu. » (4)

La Congrégation si prospère des Sœurs de la
Providence possède à Covent près Grenoble un des
plus beaux et des plus florissants pensionnats de
jeunes filles du Dauphiné. Le P. Bernardin a été le
prédicateur aimé et privilégié, pendant plus de 16
ans, de cet établissement. Voici en quels termes il
est apprécié par la Supérieure générale de la Congrégation : (5)

« C'était un homme éminemment pratique dans
« ses instructions. Doué d'une mémoire prodigieuse.
« il assaisonnait ses discours d'une foule de traits

(1) Note du T. R. P. Ambroise.
(2) Note fournie par la Congrégation du Tiers-Ordre de Voiron.
(3) Idem
(4) Idem de Vienne.
(5) Sœur M. St Célestin, Supérieure générale de la Congrégation
des Sœurs de la Providence.

« tirés de la vie des Saints. Il était un excitatif
« puissant à la pratique des vertus qu'il enseignait.
« Il insistait sur le détachement, la mortification,
« l'humilité surtout. Il revenait souvent sur la con-
« naissance et le mépris de soi-même. Il avait des
« expressions originales, des expressions tout à
« fait à lui; qu'elles rendaient bien sa pensée ! »

« Sa première instruction à nos enfants lui mé-
« rita les éloges de notre respectable aumônier,
« M. le Chanoine Gérante : « Permettez-moi de
« vous dire, mon Révérend Père, que votre sermon
« était très-bien et pour la forme et pour le fond. »

« Le P. Bernardin faisait ordinairement des
« instructions familières ; mais, quand il avait à
« donner un sermon de circonstance, il devenait
« orateur. Son style était fleuri, imagé. Son audi-
« toire ému était sous le charme de sa parole
« pleine de force et d'onction.

« Même à nos élèves il parlait le langage de la
« perfection ; mais en l'adaptant à leur jeune in-
« telligence, à leur vertu naissante. Nos anciennes
« se souviennent encore aujourd'hui des comparai-
« sons pleines de sel qu'il employait pour leur faire
« comprendre, aimer, goûter ses leçons de sagesse.

« Quant à nos Sœurs, objet, pendant de longues
« années, de ses soins paternels et bienveillants,
« elles auront toujours pour ce bon et vénéré père
« qui leur a fait tant de bien, une profonde recon-
« naissance. Nos Mères anciennes gardent son sou-
« venir précieusement ; toutes, en priant pour lui
« par devoir de gratitude, nous l'invoquons comme

« un protecteur. Covenc était sa *maison !* Il ne
« l'oubliera pas auprès de Dieu, nous en avons la
« ferme confiance. » (1)

Le monastère de la Visitation de Thonon, avec
cette bienveillance qui le caractérise et dont nous
le remercions sincèrement, a bien voulu nous
transmettre les lignes suivantes que nous reprodui-
sons avec d'autant plus de plaisir, qu'elles nous
montrent, comme prédicateur, le P. Bernardin
toujours à la même élévation.

« En 1873, le P. Bernardin nous prêcha une re-
« traite des plus profitables. Son but, en nous ré-
« vélant l'excellence de la vocation religieuse et
« la haute perfection à laquelle elle oblige de ten-
« dre, a été : 1° de nous faire concevoir l'amour
« et l'estime que mérite un don du ciel si éminent,
« qui, nous disait-il, après la maternité divine,
« tient le premier rang ; 2° d'exciter nos efforts
« à y correspondre, non par des dévotions et des
« choses extraordinaires, mais par la pratique
« journalière et bien comprise de nos Règles, de
« nos vœux, et des admirables écrits de nos saints
« Fondateurs inspirés de l'Esprit-Saint, et nous
« marquant, avec tant de sagesse, le chemin sûr
« de la plus sublime perfection. »

« Dans ses instructions, ce vrai religieux s'est
« attaché à nous développer nos devoirs, à nous
« les faire aimer, à nous en inspirer la fidèle pra-
« tique. Il nous a montré la religieuse comme de-
« vant plus spécialement retracer dans sa vie la

____

(1) Note de la Supérieure générale des Sœurs de la Providence.

« vie de Jésus-Christ sur la terre, sa vie mysti-
« que sur nos autels, et, après, partager sa vie
« éternelle dans le sein du Père céleste. Par état,
« nous disait-il, l'âme religieuse, c'est J.-C. victi-
« me, pauvre, anéanti, obéissant jusqu'à la mort de
« la croix ; vivant de sa vie, retraçant ses vertus,
« s'inspirant de son esprit, ne cherchant point sa
« propre gloire ; car elle ne vit que de Dieu, en
« Dieu et pour Dieu. Sa vocation la transforme
« tellement en un autre J.-C. qu'on pourrait, en
« quelque sorte, lui appliquer les articles du sym-
« bole et dire : qu'elle a été conçue du Saint Esprit
« dans le sein d'une vierge (la Religion), qu'elle est
« née de cette vierge dans l'étable de la pauvreté
« volontaire ; qu'elle souffre, non sous Ponce Pilate
« et de la main des Juifs, mais de la lutte à sou-
« tenir contre le Démon, le siècle et ses passions ;
« qu'elle est crucifiée : ses trois vœux l'attachent à
« la croix par l'amour ; qu'elle est morte et ense-
« velie : vous êtes morte au monde et votre vie est
« cachée en Dieu avec J.-C. (Rit de sa profession)
« Ses limbes sont le sein de Dieu; enfin, cachée en
« Dieu avec J.-C., elle ressuscitera en gloire avec
« Lui et partagera dans le ciel les honneurs de son
« Royaume, jusqu'à juger avec Lui, à la fin du
« monde, toutes les nations rassemblées.

« Les figures un peu originales et les nombreux
« exemples dont usait ce digne Père, produisaient
« une vive lumière et inculquaient profondément ce
« qu'il voulait faire entendre. Parlant de l'amour
« infini de Notre-Seigneur pour ses épouses, qui l'a

« porté à faire comme vœu de clôture perpétuelle
« dans nos saints tabernacles, il nous disait : Par-
« ce que J.-C. a pour vous un amour de prédilection
« spécial, il vous a totalement séparées du monde,
« afin de vous avoir près de Lui ; car un grand
« amour veut la présence de l'objet aimé. Dans
« son sacrement, Jésus est votre prisonnier d'a-
« mour ; dans vos cloîtres bénis, vous êtes prison-
« nières d'amour. » . . . . .

« Nous ne saurions assez dire les fruits de grâce
« et de bénédiction que nous a apportés la parole
« sainte de ce bon religieux, laquelle nous impres-
« sionnait d'autant plus, qu'évidemment elle dé-
« coulait de l'abondance d'un cœur enseignant ce
« qu'il pratiquait et expérimentait lui-même. » (1)

« Le T. R. P. Bernardin eut rarement l'occasion
« de prêcher des discours d'apparat ; son essai en
« ce genre fut le panégyrique de St Ignace, qu'il
« prononça devant une assistance d'élite, dans
« l'église du collège des révérends et regrettés
« Pères Jésuites à Chambéry, le 31 Juillet 1847. Ce
« discours grandement apprécié et admiré par tous
« fut, sans qu'on pût le pressentir, comme un élo-
« quent éloge funèbre anticipé de ces dignes et vé-
« nérés pères de Savoie, et, en même temps, une
« énergique flétrissure infligée d'avance à ceux qui,
« quelques mois plus tard, devaient procéder à leur
« arbitraire et brutale expulsion, au commencement
« de 1848. » (2)

(1) Note du Monastère de la Visitation de Thonon.
2) Note du T. R. P. Ambroise.

« L'éloquence de ce discours fut telle, qu'au sor-
« tir de la chapelle, on entendait répéter les paro-
« les suivantes : « Ne dirait-on pas que tous les
« Capucins et tous les Jésuites ont réuni leurs ef-
« forts pour composer ce chef-d'œuvre ? » Avons-
« nous besoin de dire qu'il en était seul l'auteur ?
« Le P. Bernardin n'a jamais été un plagiaire. Et,
« pour nous servir de la parole de Mgr Ginouil-
« lhac : « *il ne prêchait pas les autres.*»

« Sa vie pénitente et austère était elle-même une
« prédication bien propre à porter à la vertu ; sa
« santé était frêle, ses douleurs de côté étaient pres-
« que continuelles ; mais rien n'était capable d'a-
« moindrir son zèle. Il ne respirait que la gloire
« de Dieu et la sanctification des âmes ; l'annonce
« d'une retraite qu'il devait prêcher réjouissait
« toutes les personnes appelées au bonheur de l'en-
« tendre ; et l'estime qu'il avait si justement ac-
« quise, était une préparation qui assurait d'avance
« la bonne réussite des exercices.(1)

L'amour brûlant du P. Bernardin pour la très-
sainte Vierge le porta à suggérer au digne Curé
de la paroisse de Notre-Dame de Chambéry (2)
l'idée de faire chaque année, une neuvaine pré-
paratoire à la fête anniversaire de la promulgation
du dogme de l'Immaculée-Conception. Cette idée fut
accueillie avec le plus grand empressement, et le
P. Bernardin fut chargé de prêcher ces neuvaines.

(1) Note de M. le chanoine Perret, Supérieur de la Communauté des
Sœurs de St Joseph de St Jean de Maurienne, ancien Supérieur du
Grand Séminaire.

(2) M. le chanoine Mercier, devenu vicaire général.

Pour rendre ces exercices aussi attrayants que possible, et exciter la piété des fidèles, le zélé pasteur de la paroisse de Notre-Dame usa de tous les moyens imaginables. . . . (1)

Laissons parler une feuille périodique de cette époque :

« Ce qui fit surtout le charme de ces exercices
« religieux, ce furent les touchantes instructions
« du P. Bernardin sur les grandeurs de l'auguste
« Reine du ciel. A l'entendre, on devine tout de
« suite, que le culte de Marie fait ses plus chères
« délices et qu'il n'est jamais plus heureux que
« lorsqu'il peut abandonner son cœur aux épanche-
« ments de son amour. Aussi, l'enthousiasme qui
« le domine se communique bientôt à son auditoire
« et l'attention la plus religieuse règne autour
« de la chaire sacrée. Convaincu que pour exciter
« et conserver aux objets de l'enseignement catho-
« lique tout l'intérêt qu'ils méritent, il convient de
« les présenter quelquefois sous une forme neuve et
« piquante, le P. Bernardin usait largement de
« cette liberté, sans cesser jamais d'être plein de
« naturel, de grâce et d'onction. La grande solen-
« nité de la fête anniversaire de l'Immaculée Con-
« ception, si ardemment désirée dans toute la Sa-
« voie, et ainsi préparée à Chambéry, fut une
« manifestation éblouissante et triomphale. »

Voici ce qu'en a dit, à cette époque, le *Courrier des Alpes* du 10 mai 1855 : « Il n'y a qu'une voix
« pour le redire : jamais fête pareille ne s'est vue

1 Note du R. P. Zozime.

« à Chambéry. Nous voici aux Capucins: Les RR.
« PP. dont le zèle pour les fêtes religieuses est
« proverbial à Chambéry, se sont surpassés, cette
« fois ; leur église était un vrai parterre encom-
« bré de fleurs ; on pourra se faire une idée de la
« profusion avec laquelle les RR. PP. ont procédé,
« lorsqu'on saura qu'ils ont employé 6000 fleurs de
« lys pour la décorer. Les lumières étaient à l'a-
« venant. » Ce qui fit dire à une femme du peuple :
« ce n'est pas aussi joli que cela en Paradis. » Et
tous les nombreux visiteurs ne répétaient, en sortant
de la chapelle des Capucins, que ces mots : « *c'est
féerique ! c'est féerique !....*»

L'ardeur de ces manifestations, tant aux Capucins qu'à Notre-Dame, prenait sa source dans les
brûlantes exhortations du P. Bernardin, devenu
l'âme et le coordonnateur de ces fêtes triomphales.

Nous pouvons affirmer, sans crainte d'être con-
tredit, que, si la maladie n'eût pas affaibli le P.
Bernardin, il eût été un des meilleurs prédicateurs
de notre temps. . . . . .

Notre saint religieux exerça un double apostolat:
l'un par sa parole puissante et féconde, ce qui vient
d'être prouvé, et l'autre, par les écrits dont nous
allons parler.

IV

Le P. Bernardin
Écrivain.

Absorbé par les charges et diverses occupations, accablé d'une maladie longue et douloureuse, le P. Bernardin eut encore le loisir de livrer à la publicité un certain nombre de pieux ouvrages. Dans tous il a cherché, comme le séraphique Père, à jeter la semence du salut au milieu des âmes.

Tout d'abord, il avait compris la nécessité de donner aux enfants si nombreux du Tiers-Ordre un commentaire de la Règle.

Pour faire aimer le Tiers-Ordre, il se met à en montrer l'excellence. Ses raisons ne se tirent point de la prudence et de la sagesse humaine. L'un des triomphes de Jésus-Christ, dit-il, sur le monde, c'est de confondre les sages et d'éclairer les petits. Ce triomphe appartient essentiellement au Tiers-Ordre de Saint François, qui constitue un petit troupeau séparé d'une manière visible et immédiate de la foule des sages et des prudents de ce siècle.

Le R. Père montre le Tiers-Ordre comme un secours nouveau, un remède efficace ménagé par la Providence à nos besoins les plus urgents. C'est une planche de salut offerte à ceux qui désirent sincèrement ne pas faire naufrage au milieu de la confusion des idées qui troublent et bouleversent aujourd'hui le monde.

Le Tiers-Ordre, dit-il, sauva l'Italie, au moyen-âge, pourquoi ne sauverait-il pas la France, à notre époque troublée et bouleversée, comme au temps des Guelfes et des Gibelins?

Après avoir démontré, d'une manière péremptoire, l'excellence du Tiers-Ordre en lui-même, il résume ces belles pages par les paroles de Pie IX d'heureuse mémoire, parlant des résultats obtenus par le Tiers-Ordre franciscain : « qui a toujours répandu « dans l'Eglise et s'empresse de répandre même « tous les jours des fruits abondants de ferveur et « de lumière. »

Le Père Bernardin parcourt ensuite les vingt chapitres de la Règle, et, dans un style simple, clair, animé, il élucide chaque difficulté et il met le tertiaire à même de comprendre le langage du séraphique Père.

Les directeurs y trouvent toute l'étendue de leurs obligations ; les inférieurs, la voie droite qui les conduira au salut.

Dans ce directoire, tout est noté avec sagesse, ordre et mesure : règlements pour la congrégation ; devoirs de chaque officière, tenue des assemblées, en un mot, il condense dans 380 pages remarquables les principes, les règles de la vie chrétienne dans le monde mises en pratique par le Tiers-Ordre de saint François d'Assise.

Pour nous, nous préférons certainement le commentaire du T. R. P. Bernardin sur la Règle du Tiers-Ordre à celui donné par le T. R. P. Laurent d'Aoste.

On peut dire que notre cher confrère a mis dans ce livre toute son âme, tout son cœur et tout son esprit foncièrement franciscain.

A juste titre, il a été regardé comme la lumière et l'apôtre du Tiers-Ordre au XIXe siècle.

Notre écrivain est un homme pratique. Après avoir retracé, d'une main sûre, dans le Directoire du Tiers-ordre, les principes qui conduisent à la perfection, il songea à donner des modèles aux âmes qui embrassent la vie de pénitence. Pour atteindre ce but, il publia ce petit ouvrage de 500 pages in-12, si connu sous le nom de : *Corbeille de fleurs cueillies dans le parterre séraphique*, « voulant ainsi, dit le T. R. P. Ambroise, glorifier le Père saint François par ses enfants , et en former comme une couronne, en cueillant quelques fleurs qui lui paraissent plus belles et plus éclatantes dans ce parterre séraphique. » (1)

Ozanam était ravi d'admiration à la lecture des *Fioretti*. A notre tour, nous pouvons dire : nous sommes ravis à la lecture de la *Corbeille de Fleurs* écrite avec cette onction, cette foi et ce style tout franciscain.

Voulant justifier la publication de cet ouvrage, le R. P. Bernardin écrit les lignes suivantes :

« Notre siècle, si froidement religieux et tout
« absorbé par les intérêts matériels, se ressent,
« sous ce point, du protestantisme et du jansénisme ;
« il n'a point de goût pour le culte de la vertu en

1 Note du T. R. P. Ambroise.

« action. On met de l'empressement à élever des
« monuments à des chimistes ou à des naturalistes
« souvent incrédules et immoraux, à des écrivains
« impies, qui ont vécu pour eux-mêmes et pour la
« ruine des autres, et on voue à l'indifférence et
« même au ridicule des âmes grandes et généreu-
« ses, qui n'ont vécu que de privations et de sacri-
« fices, pour l'avantage de leurs semblables. » Il
ajoute : « Il existe cependant entre les habitants
« de la terre et les habitants des cieux des rap-
« ports de condition, d'épreuves et d'existence ora-
« geuse qui seraient si propres à ranimer la con-
« fiance et à adoucir les peines! Quelle est, en ef-
« fet, l'âme coupable et déchirée par les remords,
« qui n'aimât à rencontrer dans une église et ail-
« leurs l'image de Madeleine ou d'Augustin ou de
« Marguerite de Cortone ? Quel est le chrétien in-
« justement persécuté qui ne sentit renaître son
« courage et sa patience, en contemplant les traits
« d'un saint Paul, d'une Élisabeth, d'un Jean de
« la Croix, d'un saint Roch ? La pieuse domesti-
« que ne sera-t-elle pas heureuse de s'agenouiller
« devant l'autel d'une Zite, d'une Blandine, pour y
« puiser les forces qui lui sont nécessaires pour
« bien s'acquitter de son pénible état. . . . ?
« Si le ciel est notre véritable patrie, pourquoi
« regarderions-nous ses habitants comme des
« étrangers? Aussi la Révolution française, qui a-
« vait entrepris de détruire toute religion, n'omit-
« elle pas d'abolir le calendrier chrétien, en sub-
« stituant à nos Saints, que l'Église nous propose,

« chaque jour, comme médiateurs et modèles, des
« légumes et des instruments d'agriculture. Du
« moins, les révolutionnaires tiraient les consé-
« quences de leurs principes ; puisqu'ils ne vou-
« laient point de religion, point d'immortalité,
« point de Dieu, il était tout naturel de diriger le
« culte de l'homme vers ce qui est nécessaire aux
« premiers besoins de la vie animale : boire et
« manger. »

« Concluons de tout ce que nous venons de dire
« qu'il est grandement utile et tout-à-fait confor-
« me à l'esprit chrétien de recourir aux Saints,
« soit dans les besoins particuliers, soit dans les
« nécessités communes. Le don des miracles que
« Dieu leur a accordé et dont ils jouissent auprès
« de Lui, est en notre faveur et non à leur avan-
« tage. Que chacun suive dans son choix son at-
« trait particulier, rien de mieux ; mais n'ayons pas
« de l'indifférence, et surtout du mépris pour au-
« cun. Toutefois, il est des convenances dont il
« n'est pas permis de s'écarter ; ainsi, nous dirons
« aux enfants de St François : votre saint Fonda-
« teur mérite le premier votre culte et votre vé-
« nération ; tout comme nous dirions aux disciples
« de St Dominique : rendez premièrement vos hom-
« mages à votre B. Patriarche, puisque vous lui
« devez le bienfait de votre filiation spirituelle à
« un Ordre si parfait. Tout comme, d'autre part,
« nous dirons à tous les chrétiens : Si les honneurs
« rendus par Jésus-Christ à ses serviteurs peuvent
« raisonnablement régler votre culte envers eux,

« et lui servir de base certaine, quelle vénération et
« quelle dévotion ne devons-nous pas tous avoir
« envers le Séraphique Patriarche, puisqu'il est
« constant qu'il a reçu du ciel des honneurs insi-
« gnes et incomparables ? Il est le Fondateur de
« trois ordres célèbres, qui ont édifié toute la terre
« et peuplé le ciel ; il est né dans une étable, com-
« me son Maître ; il a porté sur lui, pendant deux
« ans , les saints et sacrés stigmates du crucifie-
« ment ; et les prodiges qu'il a opérés, soit pendant
« sa vie, soit après sa mort, sont incalculables. » (1)

Voilà les motifs pour lesquels le T. R. P. Bernardin nous a retracé la vie de ces héros francis-
cains : l'amour et le culte pour les Saints de l'Ordre.

Sa belle plume a caractérisé chaque personnage.
Quelques lignes suffisent à nous marquer les vertus,
les talents, les prodiges de mortification, les heureux fruits de pénitence de ces athlètes du Christ.

D'un côté, il peindra l'orateur avec ces traits
de flamme : c'est saint Bernardin de Sienne, son
patron, saint Jean de Capistran, saint Laurent de
Brindes ; d'un autre, l'innocence recouvrée dans la
figure du B. Bernard de Corléon, de la B. Marguerite de Cortone, de saint Hyacinthe Mariscotti ;
plus loin, une fleur délicieuse, l'innocence conservée
sous les traits de sainte Rose de Viterbe, de sainte
Catherine de Bologne et de sainte Delphine d'Arian ;
plus loin encore, le sang ruisselant des martyrs ;
saint Bérard et ses compagnons ; il nous montre

____

1 Corbeille de fleurs, pages 6 à 12.

enfin les vertus, les mérites et les labeurs de tous les Saints de notre Ordre, soutenus pour la foi et le triomphe de N.-S.; nous donnant ainsi, presque chaque jour, des modèles et des exemples à suivre.

La Corbeille de fleurs est un travail sérieux et utile, qui fait un grand honneur à notre écrivain.

Diverses autres publications réclamèrent une partie des loisirs que lui laissaient ses nombreuses occupations. Il publia successivement des petites vies, en forme de neuvaine, de notre séraphique Père saint François, de saint Louis, roi de France et protecteur des FF. Tertiaires, de sainte Elisabeth, reine de Hongrie, patronne des sœurs tertiaires, de saint Antoine de Padoue, de sainte Marguerite de Cortone, de sainte Zite, patronne des domestiques, de saint Roch, et, enfin, une neuvaine des Morts et Acte héroïque de charité en faveur des âmes du purgatoire.

Il comprenait les aspirations des âmes pieuses et son expérience lui avait appris que l'esprit franciscain pouvait leur être d'une immense utilité. En retraçant, par mode de neuvaine, la vie des protecteurs et Saints les plus remarquables de l'Ordre, le Père Bernardin a eu une idée ingénieuse et féconde en résultats. Pendant neuf jours préparatoires aux fêtes de ces saints, les âmes pieuses étaient obligées de méditer leurs exemples et de les imiter.

Parmi ces petits livres... il en est deux qui méritent une mention spéciale : La vie de sainte Zite et le Vœu héroïque en faveur des âmes du

purgatoire. Sainte Zite, cette patronne des âmes
vouées au service d'autrui, nous apparaît dans l'éclat
d'une véritable grandeur. Il retrace avec simplicité
et élégance sa vie obscure, cachée, nous montrant
l'héroïsme de son abnégation et la valeur auprès de
Dieu de ces actes d'humilité inconnus et méprisés
du monde. Il députe vers elle tant d'âmes qui
succombent sous le poids de leur pénible position.

La petite brochure du Vœu héroïque nous mani-
feste les avantages de l'abandon de toutes nos
œuvres satisfactoires aux âmes du purgatoire. Il
nous prouve que ce vœu, tout en étant avantageux
à ces âmes délaissées, centuple nos propres mérites.
Cette dernière brochure a produit un bien immense
dans un grand nombre d'âmes généreuses.

Enfin le P. Bernardin ne tarissait pas; pour
clore cette nomenclature de diverses et utiles publications, il nous laisse des pages mémorables sur
l'Immaculée-Conception. Ses pages ne dépareraient
pas les illustres historiens de l'époque. Il raconte
les différentes phases du dogme de l'Immaculée-
Conception. Il indique comment saint François
avait légué à ses enfants la défense de cette Mère
Immaculée et comment, jusqu'au jour de la défini-
tion dogmatique, l'Ordre Franciscain a soutenu avec
gloire et courage le plus beau privilège de Marie.

Tels sont les travaux de cet homme éminemment
remarquable... Ils ont contribué à grandir dans le
monde catholique la gloire de Dieu.

Notre zélé religieux avait à peine le temps de
relire ses premiers jets; aussi, s'est-il glissé dans

ses écrits quelques incorrections de langage. Malgré cette imperfection assez excusable, le P. Bernardin, dans notre Ordre, occupera toujours une bonne place comme écrivain : car sa manière d'écrire est *à part* et tout-à-fait originale; en un mot : *il est lui*.

V

Le P. Bernardin

Supérieur.

Le P. Bernardin fut successivement appelé par la confiance de ses Supérieurs et les suffrages de ses confrères, deux fois à la charge de Gardien, (1) et trois fois à celle de Définiteur Provincial. (2)

Il apportait à l'accomplissement de ces différentes charges cet esprit de foi , de droiture , de douceur et de fermeté, en un mot, ces belles qualités qui distinguent un homme supérieur et en font par là même un excellent administrateur.

Le capitaine Marceau , tant admiré de notre si regretté défunt , disait qu'un Supérieur, pour être parfait , devait être *Pater, Dominus*. Tel était le P. Bernardin, comme Supérieur : *Père et Maître*.

Il était *Père* : son abord un peu sévère et austère cachait un cœur bon , chaud , bienveillant et généreux. *Dominus autem intuetur cor.* (1) C'est par le cœur que Dieu nous juge , *scrutans corda et renes Deus* (4)

Ceux qui n'ont pas approché de près le R. P.

(1) C'est-à-dire Supérieur local de la communauté.

(2) C'est-à-dire l'un des quatre religieux nommés par les Supérieurs et les députés locaux pour administrer et régler avec le T. R. P. Provincial les affaires de la province.

(3) Livre des Rois XVI. 7.

(4) Psaume VII. 10.

Bernardin, comme Supérieur, l'ont peut-être soup-
çonné d'égoïsme ; qu'ils se détrompent : il avait un
cœur large et même tendre pour ses confrères fati-
gués et affligés.

Il tenait à l'observation de la Règle, il est vrai ;
mais il savait aussi se montrer facile dans les cir-
constances. Voici un trait choisi entre plusieurs :
Un jour, il dispensa un jeune religieux qui se trou-
vait assez fatigué, d'une observance régulière :
« Mais, mon Père. lui fit remarquer le religieux,
je ne suis pas assez malade pour être dispensé de
cette observance. » — « Taisez-vous, lui répond le
bon Supérieur : la lettre tue et l'esprit vivifie. » Et
plusieurs jours de suite, il lui renouvela la même
dispense.

Dans l'intimité, cet excellent P. Gardien était
délicieux d'affection et d'amabilité. Il savait admi-
rablement rompre le froid de la vie et la monotonie
du cloître. Essayons de faire saisir notre pensée.

Les études dans notre Ordre sont très-pénibles.
Les nombreux exercices de nuit et de jour sur-
chargent le travail déjà si sérieux de la Philosophie et de la Théologie. De temps à autre, comme
le pratiquait S. Jean l'Évangéliste, l'arc a besoin
d'être détendu. Le P. Bernardin excellait dans
l'art de donner à l'esprit une légitime diversion.
Il était ravissant et ingénieux à trouver des moyens
pour intéresser les jeunes gens, tout en leur procu-
rant une agréable récréation. Malgré son mauvais é-
tat de santé, il voulait présider lui-même les petites
fêtes d'étude qui arrivaient une fois ou deux annu-

ellement. C'était une délicieuse promenade passée
à la montagne, qui le rendait aimable au possible
par ses conversations variées sur les plantes, les
fleurs, sur le système des glaciers, sur les blocs
erratiques, etc, etc.

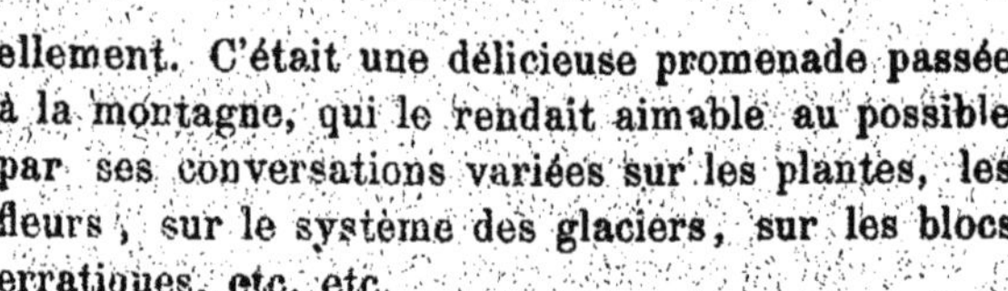

C'étaient des traits d'esprit, des saillies, des
jeux de mots, des chroniques, des anecdotes, des
légendes, des petites histoires des Saints, en un
mot, mille connaissances de ce genre, dont son
esprit était largement doté.

Qui de nous autres étudiants qui l'avons connu
comme supérieur ne se rappelle avec une vive
émotion cette touchante pratique du T. R. P. Bernardin, le soir de cette promenade annuelle qu'il savait si bien organiser ; cet aimable père nous disait :

« Allons, mes enfants, peut-être avez-vous perdu
« un peu, pendant cette journée, la pensée de la
« présence de Dieu, peut-être, qui sait, avez-vous été
« un peu dissipés? L'homme Job, priait pendant que
« ses enfants s'amusaient, faisons toutes nos prières
« habituelles et ajoutons-y trois *Pater* et trois *Ave*
« *Maria* afin que Dieu nous pardonne les petits man-
« quements de la journée ; » en sorte que, chaque année, pendant six ans, vers le soir de cette grande promenade, nous lui disions : « Eh bien, mon Père, les
trois *Pater* de l'homme Job, il ne faut pas les
oublier. » Voilà bien le bon Père. En voulons-nous
une autre preuve, je la trouve dans une lettre qu'il
adressait à un de ses religieux : « Je viens répondre,
« mon cher enfant, à votre lettre du premier jour de
« l'an, qui m'a fait bien plaisir. Je n'aime pas quand

« on attaque l'usage de souhaiter bonne année. Il
« me semble que c'est un usage très-chrétien.

« Dans l'année, on a pu bien souvent, sans le vou-
« loir, blesser, chagriner un cœur ami, un religieux.
« Au moins, tout se répare dans cette heureuse
« circonstance. Non-seulement on pardonne, mais
« on oublie. Je suppose, bien entendu, des cœurs
« généreux et sincèrement religieux. »

Il était *Maître.*

S'il était le père bon et bienveillant, il était aussi
Maître, *Dominus.*

Maître d'abord sur lui-même, sachant se dominer.
Laissons parler celui qui fut son intime ami :

« Il ne connut jamais, dit le R. P. Ambroise,
« les transports de l'imagination, ni l'effervescence
« de la sensibilité non plus que les accès de la
« colère ; tout se passait calme et tranquille dans
« cette âme toute de sens, de raison et tout
« imprégnée de foi ; ses rapports avec Dieu, comme
« ses relations avec les créatures, son amour pour
« Dieu, comme son amour pour le prochain,
« l'amitié elle-même si affectueuse, si vraie, si
« profonde, si dévouée qu'elle fût, ne révélaient
« jamais d'autre caractère qu'une simplicité naïve,
« franche et calme. Voilà pourquoi Dieu et les
« hommes le trouvaient toujours égal à lui-même,
« au dernier jour comme au premier.

« Ce ne fut pas chez lui l'effet d'une nature
« froide et indifférente, mais le fruit d'une inces-
« sante vigilance sur lui-même et de l'empire que,
« docile à la grâce, il s'étudiait à faire prendre à

« l'homme supérieur sur l'homme inférieur. Dieu
« seul fut témoin du travail et des efforts qu'il dût
« déployer pour assujettir ainsi sa nature vive et
« ardente ; pour étouffer des répugnances, contenir
« des révoltes ; et pour soutenir, sans défaillance,
« ni trouble apparent, les assauts qu'il eut à subir
« souvent de la part de l'homme ennemi, pour le
« détourner de Dieu. (1) »

Il était Maître en faisant observer la Règle dans
toute son intégrité et sa pureté, habituant les jeunes religieux à être, en tout et pour tout, ponctuels
et exacts, répétant souvent qu'un bon supérieur doit
être exempt de respect humain, lorsqu'il s'agit de
faire accomplir le devoir et la règle.

Il était Maître par la surveillance et le contrôle
qui s'étendaient aux moindres détails concernant le
spirituel ou le matériel de sa communauté.

Il était Maître enfin par son esprit essentiellement organisateur : la belle bibliothèque du couvent
de Meylan en est une preuve palpable et évidente.
Elle est une des premières de la Province par le
choix riche, rare, varié et intelligent des ouvrages.
Ce qui lui a valu un éloge public du T. R. P. Provincial dans une circulaire de 1866 : Celle du
« couvent de Meylan nouvellement établie était à
« créer : le T. R. P. Bernardin, Gardien de ce
« couvent s'est dévoué, dès son entrée en charge.
« Il l'a établie, montée, meublée avec l'intelligence
« qui le distingue. Elle laisse peu à désirer. » (2)

(1) Note du T. R. P. Ambroise.
(2) Circulaire du T. R. P. Ambroise, alors provincial, 1866.

Ces éloges ont une véritable valeur, car chacun sait que le T. R. P. Ambroise ne les prodigue pas.

Mais ce qui faisait incontestablement la supériorité du P. Bernardin comme administrateur, c'est qu'il avait le don de discerner les hommes et de les apprécier dans une exacte mesure. Il était admirable en tirant ce qu'il appelait l'*horoscope* de tel ou tel en particulier.

A celui-ci il dit : « Vous aurez plus tard des ennuis, à cause de tel défaut; » à cet autre : « Méditez bien l'*ama nesciri* de saint Bonaventure, pour pouvoir supporter, plus tard, les contradictions qui surgiront en grand nombre. »

A un troisième : « Vous avez de belles qualités, mais veillez sur votre caractère; sans cela, vous ferez comme à *la Bourse ; vous aurez la hausse ou la baisse* »

Je pourrais citer vingt traits de ce genre, et tout s'est réalisé à la lettre.

Le Père Bernardin humble et modeste n'étalait pas ses qualités administratives; mieux connu, il eût été jugé digne non pas d'occuper la seconde charge de la province, mais la première.

Il avait ce qui fait l'administrateur de premier ordre, l'esprit de saint François d'Assise, la connaissance des hommes, le tact dans les affaires, la suite dans les idées et la fermeté dans l'exécution.

VI

Vertus et Mort

du P. BERNARDIN.

Le P. Bernardin était mûr pour le Ciel. Sa carrière religieuse et sacerdotale avait été féconde en vertus.

Il brilla par la pauvreté qu'il aimait tant à faire connaître, et dont il ne se départit jamais dans l'usage des choses ;

par l'humilité dont il nous donna l'exemple par cet extérieur simple, modeste, réservé, s'appliquant à lui-même ce qu'il savait si bien enseigner aux autres, cet « *ama nesciri et pro nihilo reputari* » de S. Bonaventure : aimez à être ignoré et compté pour rien ;

par le renoncement continuel à lui-même et le désir de ne vivre que pour Dieu. Ce qui a été dit de Mgr Anastase Hartman peut lui être appliqué : « *Sans le renoncement il est difficile de plaire et* « *de trouver qui vous plaise. Il portait en lui ce* « *cachet si facile à reconnaître, mais si difficile* « *à définir, auquel on discerne les saints.* « Il brilla enfin par sa foi ardente et profonde à « l'auguste sacrement de nos autels, ne manquant « jamais de célébrer les saints mystères au milieu « même de ses grandes fatigues ; » (1) par son culte pour l'Ordre franciscain, sa grande dévotion

(1) Note du R. P. Zozime.

aux âmes du purgatoire et à Marie immaculée; toutes ces vertus qui caractérisent le bon prêtre et le fervent religieux lui étaient devenues comme habituelles.

Dieu allait être la récompense de tant de mérites et de labeurs. Une cruelle maladie, (1) dont les accès se renouvelaient souvent, tout en faisant ressortir son inaltérable patience, le prépara à paraître devant son Juge. Ses vœux allaient être exaucés: *desiderium habens dissolvi et esse cum Christo,* (2) écrivait-il, au commencement de l'année 1881. Comme saint Alphonse de Liguori, il avait demandé pendant sa carrière religieuse, la faveur de ne pas mourir dans les charges: il fut entendu.

La proscription, les attentats, les sacrilèges et les actes de vandalisme dont il fut, le 4 novembre 1881, le témoin attristé, inconsolable et pourtant résigné, achevèrent la complète sanctification du T. R. P. Bernardin.

Le 18 septembre, le jour de Notre-Dame des Sept Douleurs, après avoir célébré le saint sacrifice de la Messe, il eut une attaque d'apoplexie, qui lui enleva l'usage de la parole, tout en lui laissant sa pleine connaissance. Il reçut les derniers sacrements avec une foi vive, présentant lui-même ses mains à l'onction sainte; il essaya de renouveler sa profession religieuse par des sons inarticulés.

Le 21 septembre, en la fête de saint Mathieu, le

(1) Rhumatisme goûteux.
(2) Philipp. I. 32.

T. R. P. Bernardin rendit sa belle âme à Dieu au couvent de Meylan, près de Grenoble, à l'âge de 63 ans, après 47 ans de profession religieuse et 39 ans de sacerdoce.

Ses obsèques eurent lieu à la paroisse de Meylan, dont l'église suffisait à peine à contenir une assistance aussi nombreuse que distinguée, qui était venue de tous côtés rendre un dernier hommage au religieux proscrit.

Quelle unanimité dans les sentiments, quels témoignages éclatants d'affection de la part de toutes les classes de la société, autour de ce cercueil devenu un char de triomphe, comme nous le disait naguère le bon M. Cottave, curé de la paroisse! La dépouille mortelle fut ensuite déposée au petit cimetière de l'ancien couvent des Capucins, devenu actuellement la propriété de M. le marquis de Monteynard.

Celui qui retrace ces lignes est allé payer son tribut de reconnaissance sur cette tombe abandonnée et solitaire.

La révolution a dispersé les confrères du T. R. Père Bernardin ; il n'y en a pas un seul pour prier et veiller sur ses cendres.

Mais, consolez-vous, bien aimé Père : ceux qui furent vos amis et vos nombreux enfants spirituels ne pourront oublier votre souvenir, vos conseils et vos exemples.

Reposez donc, dans la paix du Seigneur, en attendant que Dieu venge cette tombe déserte, ranime au dernier jour cette poussière, afin de la revêtir de la gloire et de l'immortalité qu'il a promise à ses Saints.

LAUS DEO, MARIÆ, FRANCISCO !
LOUANGES à DIEU, à MARIE, à FRANÇOIS !

TABLE

Douvaine. — Impr. des orphelins.

www.ingramcontent.com/pod-product-compliance
Ingram Content Group UK Ltd.
Pitfield, Milton Keynes, MK11 3LW, UK
UKHW022144070726
13613UKWH00003B/1416